Barbara Baumann

Weihnachtsküche

fein, süß & salzig

BUSSECOLLECTION

Inhalt

Die schönste Zeit des Jahres

Liebe Leserinnen, liebe Leser,

bereits im November beginnt bei uns die Vorfreude auf die „ schönste Zeit des Jahres". Wenn es draußen trist und grau ist, möchte man es sich im eigenen Heim ganz besonders gemütlich machen. Nach Herzenslust wird dekoriert, gebacken und gebraten. Umgeben von weihnachtlichen Düften und Kerzenschein genießen wir die Adventszeit mit der Familie, Freunden oder lieben Nachbarn ohne Stress und Hektik.

Ganz besonders reizvoll ist es, wenn „Frau Holle" Bäumen, Sträuchern und Dächern ein weißes Winterkleid überstreift und der frisch gefallene Schnee zu ausgedehnten Spaziergängen, Schlittenfahrten, Schneeballschlachten oder sogar zu einem Picknick einlädt. Und was kann es da Schöneres geben, als eine Thermoskanne mit einem heißen Punsch, der nicht nur die kalten Füße, sondern auch das Gemüt wärmt. Mit jedem Adventskalendertürchen wächst die Spannung auf das sehnsüchtig herbeigesehnte Weihnachtsfest. Die Kiste mit dem Weihnachtsbaumschmuck wird so langsam hervorgeholt. Und was wäre Weihnachten ohne die himmlischen Gaumenfreuden. Ich gebe es gern zu, ich koche, dekoriere und genieße für mein Leben gern. Deshalb habe ich aus meinem Rezeptfundus einige meiner Lieblingsrezepte für die Advents- und Weihnachtszeit herausgesucht, die ich mit frischen Produkten zubereitet und mit meinen Lieben schon mal verkostet habe.

Eine schöne und genussvolle Advents – und Weihnachtszeit
Ihre Barbara Baumann

Eclairs oder Liebesknochen.
E. Weihnachtsgebäck*).
I. Kuchen.
Lebkuchen.

Süßes zum Advent

Die Weihnachtszeit hat ihren ganz eigenen Duft und die Vielfalt der Gewürze und Aromen, mit denen in der Küche garantiert Weihnachtsstimmung aufkommt, ist riesig. Man denkt sofort an Zimt, Sternanis, Kardamom, Nelken, Piment, Vanille oder Muskat. Zusätzlich sorgen Orangen- und Zitronenschalen oder Ingwer für das perfekte Aroma. Überall locken Teller mit Zimtsternen, Gewürzkuchen oder Spekulatius. Ohne die weihnachtlichen Gewürze würden die Backwerke nur halb so gut schmecken. Was wäre die Adventszeit ohne die süßen Sünden?

Sterne dürfen in der Weihnachtszeit auf keinen Fall fehlen, ganz egal ob als Plätzchen oder Deko!

Mandelkuchen

Für eine Springform (26 cm Ø)

6 Eier
Abrieb einer Bio-Zitrone
200 g Mandeln, fein gemahlen
250 g Puderzucker
Mark einer Vanilleschote
etwas Salz
Puderzucker zum Bestäuben

Backofen auf 175 °C vorheizen. Die Eier trennen, das Eiweiß mit einer Prise Salz in einer Rührschüssel mit dem Handmixer steif schlagen. Eigelb, Puderzucker, eine Prise Salz, Vanillemark und Zitronenabrieb in einer weiteren Rührschüssel schaumig aufschlagen. Die gemahlenen Mandeln unterheben. Dann den Eischnee behutsam unterheben.
Die Masse in eine gefettete Springform füllen und im vorgeheizten Backofen ca. 45 Minuten hellbraun backen. Den Kuchen in der Form auskühlen lassen und vor dem Servieren mit Puderzucker bestäuben.

Sterne mit Johannisbeer-füllung

Für ca. 40 Plätzchen

250 g Mehl
1 TL Backpulver
175 g weiche Butter
100 g Zucker
1 Pck. Bio-Vanillezucker
1 Ei
1 TL Zitronenabrieb (Bio)
1 Prise Salz
ca. 150 g rotes Johannisbeer-gelee
Puderzucker zum Bestäuben

Mehl und Backpulver in eine Schüssel sieben und vermengen. Zucker, Vanillezucker, Zitronenabrieb und Salz hinzugeben. Butter in Flöckchen darauf verteilen. Zum Schluss das Ei dazugeben. Dann alle Zutaten zu einem geschmeidigen Teig verkneten. Den Teig zu einer Kugel formen, in Klarsichtfolie wickeln und ca. 1 Std. kalt stellen.
Backofen auf 180 °C vorheizen. Teig auf einer bemehlten Arbeitsfläche ca. 3-4 mm dick ausrollen und Sterne ausstechen. Bei der Häfte der Plätzchen mit einem kleineren Förmchen nochmals in der Mitte kleine Sterne ausstechen, die man als Ministerne backen oder die Reste verkneten und weiter verarbeiten kann. Plätzchen auf mit Backpapier ausgelegte Backbleche verteilen.
Die Plätzchen nacheinander im vorgeheizten Backofen ca. 9-10 Minuten backen. Herausnehmen und anschließend auf einem Kuchengitter abkühlen lassen.

Gelee mit einem Schneebesen glatt rühren und die unteren Plätzchen damit bestreichen. Die Plätzchenoberteile mit Puderzucker bestäuben, daraufsetzen und vorsichtig andrücken.

In einer Keksdose aufbewahrt, halten sich die Plätzchen etwa 2-3 Wochen.

Zimtsterne

Für ca. 40 Plätzchen

3 Eiweiß
250 g Puderzucker
1 Pck. Bio-Vanillezucker
1 TL Zimt
400 g Mandeln mit Schale, gemahlen
3–4 Tropfen Bittermandel-Aroma
Mehl für die Förmchen

Eiweiß in einer Rührschüssel mit dem Schneebesen des Handmixers zu steifem Schnee schlagen. Puderzucker durchsieben. Puderzucker und Vanillezucker unter ständigem Rühren zum Eiweiß geben. Von der Eiweißmasse 4 EL zum Bestreichen der Plätzchen zur Seite stellen. Zimt, gemahlene Mandeln und Bittermandel-Aroma zugeben und alles zu einem glatten Teig verkneten. Backofen auf 140 °C vorheizen. Den Teig portionsweise zwischen zwei Lagen Klarsichtfolie ca. 1-2 cm dick ausrollen. Dann aus dem Teig mit einem Sternförmchen die Plätzchen ausstechen. Damit der Teig nicht kleben bleibt, die Förmchen zwischendurch in Mehl wälzen.
Die Sterne auf ein mit Backpapier ausgelegtes Backblech legen und mit der restlichen Eiweißmasse bestreichen. Die Zimtsterne im vorgeheizten Backofen ca. 20-25 Minuten backen. Sie sollten sich leicht vom Papier lösen lassen.
Auf einem Kuchengitter auskühlen lassen.

X
MAS

Engelsaugen

Für ca. 30 Stück

170 g Mehl
50 g gemahlene Mandeln
50 g Puderzucker
Mark einer halben Vanilleschote
1 Prise Salz
100 g kalte Butter
1 Ei

Gelee oder Marmelade
Puderzucker zum Bestäuben

Mehl auf eine Arbeitsfläche sieben und eine Mulde in die Mitte drücken. Mandeln, Puderzucker, Vanillemark, eine Prise Salz und Butter auf dem Rand verteilen. Das Ei in die Mulde geben und alles zu einem Teig verkneten. Aus dem Teig zwei Rollen formen, in Klarsichtfolie wickeln und für ca. 3 Std. kühl stellen. Backofen auf 175 ° C vorheizen. Teig in Scheiben schneiden, mit bemehlten Händen ca. 30 kleine Kugeln formen und auf ein mit Backpapier ausgelegtes Backblech setzen. Die Kugeln etwas platt drücken und mithilfe eines Kochlöffelstiels eine Vertiefung in die Mitte der Plätzchen drücken.
Im vorgeheizten Backofen ca. 10 Minuten backen. Das Blech aus dem Backofen nehmen, die Plätzchen etwas abkühlen lassen und mit Puderzucker bestäuben. Gelee oder Marmelade glatt rühren und mit einem Spritzbeutel oder Espressolöffel in die Vertiefungen füllen. Die fertigen Plätzchen auf einem Kuchengitter auskühlen lassen.

Matcha-Kekse

Für ca. 35 Stück

140 g weiche Butter
3 Eigelb
80 g Puderzucker
1½ TL Matcha-Pulver
1 TL Abrieb einer Bio-Limette
250 g Mehl
1 Prise Salz
Hagelzucker zum Bestreuen

Butter, Eigelb und Puderzucker in eine Schüssel geben und mit dem Handmixer schaumig rühren. Matcha-Pulver, Limettenabrieb, gesiebtes Mehl und Salz zur Buttermischung geben und zu einem geschmeidigen Teig verarbeiten.
Den Teig zu einer Kugel formen, in Klarsichtfolie wickeln und mindestens 60 Minuten kühl stellen.
Den Backofen auf 180 °C vorheizen.
Den Teig auf einer leicht bemehlten Arbeitsfläche ausrollen, Plätzchen ausstechen und mit Hagelzucker bestreuen.
Kekse auf ein mit Backpapier ausgelegtes Backblech legen und im vorgeheizten Backofen ca. 10-12 Minuten backen. Aus dem Backofen nehmen und auf einem Kuchengitter auskühlen lassen.
Matcha-Kekse haben eine leicht würzige Note und sind eine willkommene Abwechslung beim süßen Weihnachtsgebäck. Als leckere Alternative gibt es statt des Kaffees einen Matcha Latte.

Matcha Latte

Für 1 Getränk

150 ml Milch
½ TL Matcha-Pulver
½ TL Vanilleextrakt
50 ml heißes Wasser
1 bis 2 EL Agavendicksaft oder Honig

Matcha-Pulver in eine kleine Schüssel geben und mit Wasser so lange verrühren, bis sich das Pulver vollständig aufgelöst hat. Agavendicksaft und Vanilleextrakt unterrühren. Dann die Milch erhitzen. Die heiße Milch aufschäumen, in ein Glas geben und etwas Milchschaum für die „Krönung" des Matcha Latte zurückbehalten. Den Matcha-Espresso vorsichtig in die Milch schütten und den restlichen Milchschaum daraufgeben.

Die Kuvertüre in Stücke brechen, und zusammen mit der Butter im Wasserbad schmelzen. Die Schokoladenmischung abkühlen lassen. Die Nüsse grob hacken.
Backofen auf 180 °C vorheizen.
Eier, Zucker und Vanillezucker in einer Rührschüssel mit dem Handmixer schaumig schlagen. Die abgekühlte Schokoladenmasse nach und nach unterrühren. Mehl, Backpulver, eine Prise Salz und Zimt mischen, dazugeben und alles gut verrühren. Zuletzt die Nüsse unterheben. Den Teig in eine gefettete Spring- oder Auflaufform füllen und im vorgeheizten Backofen ca. 20-25 Min. backen. Sie sollten in der Mitte noch saftig sein. Herausnehmen und auf einem Rost in der Form auskühlen lassen. Danach aus der Form lösen und in rechteckige Stücke schneiden.

Zimt-Schoko-Brownies

Für eine Backform
(18 x 28 cm)

100 g Zartbitterkuvertüre
100 g Butter
100 g Walnüsse
4 Eier
120 g Rohrzucker
1 Pck. Bio-Vanillezucker
100 g Mehl
½ Pck. Backpulver
1 Prise Salz
1 TL Zimt

Nuss-Nougat-Torte

Für eine Springform (18 cm Ø)

3 Eier
1 Prise Salz
120 g weiche Butter
200 g Nuss-Nougat-Creme
½ EL Rum
25 g Mehl
50 g gemahlene Haselnüsse
50 ml süße Sahne
50 g Zartbitterschokolade, gehackt

Glasur
50 ml süße Sahne
85 g Zartbitterschokolade, gehackt
½ EL Rum

50 g Walnusskerne zum Verzieren

Backofen auf 180 °C vorheizen. Die Eier trennen. Eiweiß in einer Rührschüssel mit einer Prise Salz steif schlagen. Butter und Nuss-Nougat-Creme in einer weiteren Rührschüssel mit dem Handmixer aufschlagen. Rum und Eigelb unterrühren. Mehl und Nüsse mischen. Schokolade im Wasserbad schmelzen. Die Mehl-Nuss-Mischung im Wechsel mit der Zartbitterschokolade und dem Eischnee unter die Eigelbmasse ziehen. Den Teig in eine gefettete Springform füllen, glatt streichen und im vorgeheizten Backofen ca. 40 Minuten backen.
Den Tortenboden aus dem Backofen nehmen und in der Form auf einem Kuchengitter abkühlen lassen.

Für die Glasur Sahne in einem Topf erhitzen, die Schokolade und den Rum darin glatt und cremig rühren. Vom Herd nehmen und abkühlen lassen. Tortenboden aus der Form lösen und gleichmäßig mit der Schokoladenglasur überziehen und mit Walnusskernen verzieren. Glasur fest werden lassen.

Gewürzkuchen mit karamellisierten Orangenfilets

Für eine Springform (26 cm Ø)

125 g warme Butter
250 g Zucker
3–4 Eier
½ TL Zimt
1 Msp. Nelken
1 Msp. Muskatnuss, frisch gerieben
½ TL Orangenabrieb (Bio)
60 g Kakao
350 g Weizenmehl
½ Pck. Backpulver
125 ml Milch
Puderzucker

Backofen auf 200 °C vorheizen. Butter und Zucker in eine Rührschüssel geben und mit dem Handmixer schaumig schlagen. Die Eier nacheinander unterrühren. Danach die Gewürze, Orangenabrieb und Kakao einrühren. Mehl und Backpulver mischen und sieben. Die Mehl-Backpulver-Mischung abwechselnd mit der Milch unter die Eimasse rühren. Den Teig in eine gefettete Springform füllen und im vorgeheizten Backofen ca. 30-40 Minuten backen. Aus der Form nehmen und auf einem Kuchengitter abkühlen lassen.

Karamellisierte Orangenfilets

Für 4 Portionen

3 EL Rohrzucker
½ Pck. Bio-Vanillezucker
ca. 500 ml Orangensaft, frisch gepresst
Filets von 3 Orangen
Puderzucker zum Bestreuen

Den Zucker in einer Pfanne bei mittlerer Hitze karamellisieren. Mit Orangensaft ablöschen, Vanillezucker unterrühren und so lange rühren, bis sich der Zucker vollständig aufgelöst hat. Das Ganze bis zur gewünschten Konsistenz einköcheln lassen. Dann die Orangenfilets hinein geben, unterheben, die Pfanne vom Herd nehmen und etwas abkühlen lassen.
Den Gewürzkuchen mit Puderzucker bestäuben, entweder pur oder mit karamellisierten Orangenfilets anrichten und den Sud drumherum verteilen.

Orangen-Makronen

Für ca. 32 Stück

3 Eiweiß
250 g Zucker
1 Prise Salz
1 Pck. Bio-Vanillezucker,
150 g gemahlene Mandeln
1 EL Orangenlikör
1/2 TL Zimt
Abrieb von 3 Bio-Orangen
Backoblaten (50 mm Ø)

Eiweiß in einer Rührschüssel mit dem Handmixer steif schlagen. Nach und nach Zucker, Salz und Vanillezucker zufügen und so lange weiterrühren, bis eine feste, glänzende Masse entsteht. Dann die restlichen Zutaten zugeben und gut vermischen.
Backofen auf 120 °C vorheizen.

Oblaten auf einem mit Backpapier belegten Blech verteilen. Die Masse in einen Spritzbeutel füllen und kleine Häufchen auf die Oblaten setzen. Das Backblech etwas kühl stellen. Dann die Makronen im vorgeheizten Backofen auf der untersten Schiene ca. 60 Minuten backen.

XMA

3
4

Kleine Überraschungen

Von Streichholzschachteln über Papierrollen bis hin zu Einkaufstüten, ein selbst gemachter Adventskalender bereitet doppelt Freude. Auch für Kurzentschlossene ganz einfach zu befüllen sind Adventskalendertüten. Alles was man dafür braucht sind 24 kleine Papierbeutel mit Boden aus Kraftpapier, einen Klebestift und Geschenkbänder. Meine Tüten sind fertig und bereit, befüllt zu werden.

7
Deze

Müsli-Schoko-Crossies

Für ca. 22 Stück

80 g Bio Crunchmüsli
40 g Paranusskerne, gehackt
300 g weiße Kuvertüre

Die Kuvertüre grob hacken und im Wasserbad schmelzen lassen. Müsli und Nusskerne in die Kuvertüre geben und alles gut vermengen. Mithilfe von zwei Teelöffeln kleine Berge auf ein mit Backpapier ausgelegtes Backblech setzen und an einem kühlen Ort ca. 4 Std. fest werden lassen. Müsli-Schoko-Crossies vom Backpapier lösen, anschließend kühl und trocken lagern.

Gebrannte Mandeln

200 g Mandeln, ungeschält
100 ml Wasser
200 g Zucker
1 Pck. Bio-Vanillezucker
½ TL Zimt

Wasser, Zucker, Vanillezucker und Zimt in einer beschichteten Pfanne unter Rühren kurz aufkochen lassen. Die Mandeln zugeben und alles bei starker Hitze weiterkochen, ab und zu umrühren, bis das Wasser verdunstet ist. Bei mittlerer Hitze so lange weiterrühren, bis der Zucker alle Mandeln gleichmäßig umhüllt. Die Mandeln auf ein mit Backpapier ausgelegtes Blech geben und abkühlen lassen.

Kokoswölkchen

Für ca. 45 Stück

4 Eiweiß
1 Prise Salz
Saft ½ Limette
200 g Zucker
200 g Kokosraspel
Backoblaten 50 mm Ø

Backofen auf 160 °C vorheizen. Eiweiß und Limettensaft in eine Rührschüssel geben und mit dem Handmixer sehr steif schlagen. Den Zucker und eine Prise Salz unter Rühren einrieseln lassen und zu einer dicken Masse weiter schlagen. Dann die Kokosraspeln unterheben. Oblaten auf zwei mit Backpapier ausgelegte Backbleche verteilen. Kleine Häufchen auf die Oblaten setzen und die Kokosplätzchen nacheinander im vorgeheizten Backofen je nach Größe 15-20 Minuten backen.

11.
Dezember
7.
Dezember

6.
Dezember
5.
Dezember
3.
Dezember

Cape Jasmine

Adventskaffee im Gartenhaus

Unsere Luxusherberge, von uns liebevoll „unser Hexenhäuschen“ genannt, beherbergt einen Wohn- und Schlafbereich sowie eine kleine Küche. Von der Außenterrasse hat man einen herrlichen Blick in den Garten.
Ganz besonders schön ist es, wenn der Garten im Winter unter einer dicken Schneedecke liegt. Umso gemütlicher ist es dann in der mollig warmen Stube. Die Kerzen brennen, der Kaffee ist fertig und der Christstollen wartet darauf angeschnitten zu werden. Ein Adventsnachmittag im Gartenhaus gehört bei uns einfach dazu.

Christstollen

Für einen Stollen

500 g warmes Weizenmehl
Rum zum Übergießen
150 g Sultaninen
80 g Korinthen
1 Würfel frische Hefe
200 ml Milch
80 g Zucker
1 TL Rum
250 g weiche Butter
½ TL Salz
Abrieb einer Bio-Zitrone
50 g Mandeln, gehackt
40 g Zitronat
40 g Orangeat

Außerdem
150 g flüssige Butter
(zum Bestreichen)
150 g Puderzucker
(zum Bestäuben)

Sultaninen und Korinthen in eine Schüssel geben, mit Rum übergießen und über Nacht ziehen lassen. Ein Drittel des Mehls in eine Schüssel sieben, in die Mitte eine Vertiefung drücken, die Hefe hineinbröckeln, etwas lauwarme Milch zur Hefe in die Vertiefung geben und mit den Knethaken des Handmixers zu einem Vorteig verrühren. Abgedeckt an einem warmen Ort ca. 60 Minuten gehen lassen. Weiche Butter, Zucker, Salz, Rum und Zitronenabrieb mit dem Handmixer schaumig aufschlagen. Vorteig, Buttermischung, restliches Mehl und Milch kräftig verkneten. Den Teig abdecken und 30 Minuten an einem warmen Ort gehen lassen. Dann Mandeln, Zitronat, Orangeat, Sultaninen und Korinthen darunter kneten. Nochmals 30 Minuten ruhen lassen.

Den Teig auf einer bemehlten Arbeitsfläche gut durchkneten und zu einem typischen Stollen formen. Diesen auf ein mit Backpapier ausgelegtes Backblech legen und abgedeckt nochmals 30 Minuten ruhen lassen. Backofen auf 180 °C vorheizen.
Christstollen ca. 60 Minuten backen. Den Stollen nach dem Backvorgang mit geschmolzener Butter bestreichen, den Vorgang zweimal wiederholen und dann mit Puderzucker bestäuben. Der Stollen muss um seinen Geschmack zu entfalten gut durchziehen. Nach etwa zwei Wochen haben sich die Aromen entwickelt.

Panettone-Muffins

Für ca. 6 Stück

½ Würfel frische Hefe
125 ml warme Milch
300 g Dinkelmehl Typ 630
75 g Zucker
Abrieb einer Bio-Zitrone
8 EL neutrales Öl
2 Eier
1 Prise Salz
1 Prise Muskat, frisch gerieben
50 g Zitronat
50 g Sultaninen
100 g getrocknete Cranberrys
Puderzucker zum Bestäuben

Außerdem
1 Muffinblech
6 Papierförmchen ca. 6 cm Ø

Hefe in einer Schüssel zerbröckeln und mit warmer Milch verrühren. Mehl, Zitronenabrieb, Zucker, Öl, Eier, Salz, Hefe und Muskat in eine Rührschüssel geben und mit dem Knethaken des Handmixers zu einem glatten Teig verkneten. Zitronat, Sultaninen und Cranberrys unterkneten. Den Teig mit Klarsichtfolie abdecken und an einem warmen Ort ca. 60 Minuten gehen lassen. Backofen auf 180 °C vorheizen. Die Mulden des Muffinblechs mit Papierförmchen auskleiden. Den Teig nochmals kräftig durchkneten, in die Förmchen füllen und 15 Minuten ruhen lassen. Anschließend ca. 20-25 Minuten backen. Herausnehmen und auf einem Kuchengitter abkühlen lassen. Vor dem Servieren mit Puderzucker bestäuben.

Fingerfood & Snacks

Während wir im Frühjahr und Sommer auf leichte Kost achten, darf es im Winter gern herzhaft sein. Für ein unkompliziertes Adventsessen in geselliger Runde oder zu zweit, sind Fingerfood und Snacks eine super Lösung. Das Fleisch muss natürlich dementsprechend vorgegart werden. Belegte Brote oder ein Pulled Pork-Sandwich sind eine schmackhafte Alternative zu aufwendigen Gerichten und locken die Gäste garantiert zum Buffet. Und damit die Liebhaber vegetarischer Kost nicht zu kurz kommen, gibt es lecker gefüllte Blätterteigtörtchen.

Blätterteig-Törtchen

Für 6 Törtchen

6 quadratische Scheiben Blätterteig (TK)
2 rote Zwiebeln
3 Schalotten
1 Knoblauchzehe
60 g getrocknete Tomaten
4 Thymianzweige
1 EL Olivenöl
1 EL Rohrzucker
2–3 EL Aceto balsamico
Salz
Pfeffer aus der Mühle
Thymian zum Garnieren

Außerdem
1 Muffinblech

Knoblauch schälen und fein würfeln. Zwiebeln und Schalotten schälen. Die Zwiebeln würfeln und die Schalotten in Streifen schneiden. Tomaten würfeln. Thymian waschen, trocken schütteln, die Blätter abzupfen und fein hacken.Öl in einer Pfanne erhitzen, Zwiebeln, Schalotten, Knoblauch und Tomaten darin anschwitzen, mit Zucker und Thymian bestreuen, karamellisieren lassen und mit Aceto balsamico ablöschen.Die Füllung mit Salz und Pfeffer würzen. Pfanne vom Herd nehmen und abkühlen lassen.
Den Backofen auf 220 °C vorheizen.

Die Blätterteigscheiben auf etwa 9 x 9 cm zuschneiden und die gefetteten Mulden eines Muffinbleches damit auskleiden.
Die Zwiebel-Tomaten-Masse einfüllen und ca. 20 Minuten goldbraun backen. Die fertig gebackenen Törtchen mit frischem Thymian garnieren.

Roastbeef-Häppchen

Für 4 Portionen

500 g Roastbeef
2 El Olivenöl
2 Rosmarinzweige
2 Thymianzweige
2 Knoblauchzehen
grobes Meersalz
Pfeffer aus der Mühle

4 Scheiben Landbrot
Butter zum Bestreichen
8 Scheiben Roastbeef
2 EL Meerrettich, frisch gerieben
100 g Crème fraîche
Salz

Das Roastbeef waschen, trocken tupfen und die Sehnen entfernen. Die Kräuter waschen, trocken schütteln, Nadeln bzw. Blätter abzupfen und fein hacken. Knoblauchzehen andrücken und halbieren. Das Fleisch zusammen mit den Kräutern, Knoblauch, Pfeffer und Olivenöl in einen Gefrierbeutel geben und über Nacht kühl stellen. Ca. 2 Stunden vor Zubereitung aus der Kühlung nehmen.
Backofen auf 130 °C vorheizen.

Das Fleisch aus der Marinade nehmen, Marinade zur Seite stellen und das Roastbeef rundherum mit Salz würzen. Olivenöl in einer Pfanne erhitzen und das Roastbeef von allen Seiten scharf anbraten. Das Fleisch aus der Pfanne nehmen. Ein Ofengitter mit drei Lagen Alufolie auslegen, das Fleisch darauflegen und mit der Kräutermarinade bedecken.
Im vorgeheizten Backofen auf der mittleren Schiene ca. 60 Minuten garen. Das Fleisch aus dem Backofen nehmen, in Alufolie gewickelt ca. 2 Stunden auskühlen lassen und anschließend in Scheiben schneiden.

Meerrettich mit Crème fraîche verrühren und mit Salz und Pfeffer abschmecken. Die vier Brotscheiben mit Butter bestreichen und mit je zwei Scheiben Roastbeef belegen und Meerrettichcreme dazu reichen.

Alternativ können Sie die Roastbeef-Häppchen mt einer dünn geschnittenen Apfelscheibe kombinieren.

Apfel-Zwiebel-Schmalz

2 Zwiebeln
150 g Gänseschmalz
200 g Schweineschmalz
1 Apfel
1 Majoranzweig
2 Thymianzweige
1 Lorbeerblatt
Salz
Pfeffer aus der Mühle

Zwiebeln schälen und fein würfeln. Den Apfel waschen, entkernen und in sehr feine Würfel schneiden. Die Kräuter waschen, trocken schütteln, Blättchen von den Stielen zupfen und fein hacken. Zwiebel- und Apfelwürfel in 2 EL Schmalz anbraten, mit Salz und Pfeffer würzen und bei mittlerer Hitze unter ständigem Wenden goldgelb braten. Die Pfanne zur Seite nehmen und die Apfel-Zwiebel-Masse etwas abkühlen lassen. Gänse- und Schweineschmalz in einem Topf bei kleiner Hitze schmelzen. Apfel-Zwiebel-Mischung, Kräuter, Salz und Pfeffer unterrühren. Das Apfel-Zwiebel-Schmalz in einen Schmalztopf oder Gläser füllen und kühl lagern. Als Brotaufstrich schmeckt Apfel-Zwiebel-Schmalz besonders gut.

Fruchtige Abwechslung

Ob als weihnachtliche Dekoration oder als Begleiter zu süßen und herzhaften Speisen, rotbackige Äpfel und saftig-süße Orangen gehören einfach zum Fest. Die vitaminreichen, runden Schönheiten machen fit und bereichern unseren weihnachtlichen Speiseplan: Knackige Äpfel landen als Liebesapfel, Bratapfel-Marmelade oder Apfel-Crumble auf dem Tisch, Orangen verfeinern Salate, Kuchen, Saucen und Marmeladen. Beide lassen sich in der Küche vielseitig einsetzen und geben vor allem pikanten Speisen einen fruchtigen Pepp.
In der Flasche schmecken die frischen, naturbelassenen Früchte ganz besonders gut. Als weihnachtliches Mitbringsel eignet sich ein Fläschchen Orangenlikör wunderbar.

Apfel-Orangen-Chutney

Für ca. 2 Gläser (à 200 ml)

2 säuerliche Äpfel (ca. 380 g)
2 Schalotten
Saft und Abrieb von 1,5 Bio-Orangen
80 ml Aceto Balsamico Bianco
150 ml Wasser
1 Lorbeerblatt
2 Gewürznelken
1–2 Kardamomkapseln
2 Pimentkörner
½ Zimtstange
70 g Rohrzucker
1 EL Olivenöl
Salz
Chili aus der Mühle

Wasser in einen Topf geben, Gewürze zufügen und zum Kochen bringen. Äpfel schälen, entkernen, in grobe Würfel schneiden, zum Gewürzsud geben, 20 g Rohrzucker zufügen und etwas köcheln lassen. Schalotten schälen und fein würfeln. Olivenöl in einer Pfanne erhitzen, Schalotten darin anschwitzen und mit Salz und Chili würzen. Den restlichen Zucker zu den Schalotten geben und unter ständigem Rühren karamellisieren lassen. Mit Balsamico ablöschen, etwas reduzieren lassen, dann den Orangensaft zugießen und die Schalottenmischung ein wenig einköcheln lassen. Orangenabrieb zusammen mit der Schalottenmischung in den Topf mit den kochenden Äpfeln geben und alles ca. 30-40 Minuten köcheln lassen. Die Gewürze entfernen, das heiße Chutney in vorbereitete Gläser füllen, fest verschließen und auf den Deckeln stehend erkalten lassen.
Apfel-Orangen-Chutney hat eine fruchtig, süße Note und passt gut zu Wild, Geflügel oder gebratenem Fisch.

Weihnachtliches Orangengelee

Für ca. 3 Gläser (à 350 ml)

2,5 kg Bio-Orangen
1 Zitrone
1 Zimtstange
2 Gewürznelken
2 Sternanis
2 Kardamomkapseln, angedrückt
500 g Gelierzucker 2:1 (Packungsanweisung beachten)

Orangen heiß waschen und trocken tupfen. Die Schale von zwei Orangen fein abreiben und zur Seite stellen. Orangen und Zitrone auspressen. 750 ml Fruchtsaft abmessen, in einem Topf kurz aufkochen lassen.

Den Topf vom Herd nehmen, die Gewürze dazugeben und das Ganze ca. 3-4 Stunden ziehen lassen. Anschließend abseihen. Fruchtsaft und Gelierzucker in einen Topf geben, gut vermengen und unter Rühren zum Kochen bringen. Kurz vor dem Kochzeitende Orangenabrieb zufügen und das Ganze mindestens 3 Minuten unter Rühren sprudelnd kochen lassen. Den Topf vom Herd nehmen und das Gelee noch heiß in vorbereitete Gläser füllen, fest verschließen, umdrehen und etwa 5 Minuten auf den Deckeln stehen lassen.

Bratäpfel mit Walnüssen

Für 4 Portionen

4 mittelgroße Äpfel
4 EL Cranberry-Heidel-beer-Marmelade
80 g Walnusskerne
1 TL Zimt
4 TL Butter
Zitronensaft zum Beträufeln

Außerdem
Vanillesauce

Backofen auf 200 °C vorheizen. Walnusskerne in kleine Stücke hacken. Die Äpfel waschen, trocken reiben und mit einem Ausstecher entkernen. Die Öffnung etwas vergrößern und mit Zitronensaft beträufeln. Walnusskerne, Marmelade und ½ TL Zimt vermischen. Die Äpfel in eine gefettete Auflaufform setzen, mit der Mischung füllen, darauf je 1 TL Butter geben und mit dem restlichen Zimt bestreuen. Im vorgeheizten Backofen ca. 25 Minuten braten.
Die heißen Bratäpfel mit einer Vanillesauce servieren.

Gebackene Feigen mit Honig, Vanille und Zimt

12 Feigen
2 EL Bio-Vanillezucker
3-4 Zimtstangen
3-4 EL Akazienhonig
200 g Griechischer Joghurt

Backofen auf 200 °C vorheizen. Feigen waschen, trocken tupfen und mit einem scharfen Messer kreuzweise einschneiden. Zimtstangen in 12 Stücke brechen.

Die Feigen auseinanderdrücken und aufrecht in eine ofenfeste Form setzen. Mit Vanillezucker bestreuen und in jede Feige ein Stück Zimt drücken. Mit Honig beträufeln. Die Feigen im vorgeheizten Backofen ca. 15-20 Minuten backen, sodass der Honig leicht karamellisiert. Zimtstangen entfernen, Feigen anrichten. Mit Joghurt servieren.

Liebesäpfel

4 Äpfel
550 g Zucker
60 ml Wasser
1 TL rote Lebensmittelfarbe
1 TL Essig
Holzspieße

Den Zucker in einem Topf zusammen mit Wasser, Lebensmittelfarbe und Essig karamellisieren lassen. Die Äpfel waschen, trocken reiben und auf Holzspieße stecken. Dann in die Karamellmasse tauchen, anschließend mit dem Spieß nach oben auf Backpapier setzen und auskühlen lassen.

Apfel-Crumble mit Spekulatius

Für 4 Portionen

4 Äpfel
2 EL Rohrzucker
1 TL Zimt
Mark einer halben Vanilleschote
Zitronensaft zum Beträufeln

Streusel
100 g kalte Butter
100 g Mehl
70 g Zucker
50 g Spekulatius
50 g Mandeln, gehackt
1 Prise Salz

Außerdem
4 Auflaufförmchen
Vanilleeis

Backofen auf 180 °C vorheizen. Äpfel schälen, entkernen und in Würfel schneiden. Die Apfelwürfel in eine Schüssel geben und mit Zitronensaft beträufeln. Zimt, Zucker und Vanillemark zufügen und alles vermengen.
Spekulatius zerbröseln. Kalte Butter, Zucker, Mehl, Spekulatius, Mandeln und eine Prise Salz in einer Schüssel zu Streuseln verarbeiten.
Den Boden der gefetteten Auflaufförmchen gleichmäßig mit Streuseln bedecken. Darauf folgen die Apfelstücke und diese werden mit den restlichen Streuseln bedeckt. Ca. 25 Minuten goldbraun backen.
Crumble mit einer Kugel Vanilleeis servieren.

Frostiges Vergnügen – Wintergrillen

Selbst bei klirrender Kälte macht Grillen großen Spaß und so kommen bei uns auch im Winter Steaks und Würstchen auf den Grillrost. Als Beilage gibt es knusprige Brötchen oder Baguette. Eine Bratwurst mit Sauerkraut im Brötchen serviert, schmeckt einfach herrlich und damit die Steaks nicht kalt werden, gibt es dafür vorgewärmte Teller. Ein gemütliches Lagerfeuer spendet Wärme, kuschelige Decken sorgen dafür, dass keiner friert und von innen heizen Punsch oder Tee so richtig ein. Ein selbstgemachtes Stockbrot darf natürlich auch nicht fehlen, denn das erfreut Groß und Klein und lockt jeden vor das wärmende Feuer. Es gibt kaum etwas Reizvolleres als Weihnachtsmarktstimmung im eigenen Garten.

Steaks mit Hot Chili Sauce

Für 4 Portionen

4 Schweinerückensteaks
2 Knoblauchzehen
1 EL Paprika, edelsüß
2 Thymianzweige
1 Rosmarinzweig
2 EL Olivenöl
Salz
Pfeffer aus der Mühle

Knoblauch schälen und in feine Würfel schneiden. Thymian und Rosmarin waschen, trocken schütteln. Blätter und Nadeln abzupfen und fein hacken. Für die Marinade Olivenöl, Knoblauch, Salz, Kräuter und Gewürze in einer Schüssel verrühren. Das Fleisch waschen und trocken tupfen. Die Marinade über das Fleisch geben und abgedeckt mindestens 4 Stunden durchziehen lassen.

Die Steaks aus der Marinade nehmen und auf dem heißen Holzkohlegrill oder in einer Grillpfanne 10-15 Minuten grillen, bis sie gut gebräunt und gar sind. Anrichten und mit Chilisauce servieren.

Hot Chili Sauce

3 EL Rohrzucker
1 kleine rote Zwiebel
2 Chilischoten
3 EL Apfelessig
5 EL Gemüsebrühe
2 EL Sojasauce
200 ml Tomaten, passiert
Salz
Chili aus der Mühle

Für die Chilisauce die Zwiebel schälen und würfeln. Chilischoten halbieren, putzen, anschließend unter kaltem Wasser abspülen und in feine Würfel hacken. Zucker in einem Topf schmelzen. Zwiebel- und Chiliwürfel darin andünsten. Mit Essig und Gemüsebrühe ablöschen. Sojasauce und Tomaten dazugeben und alles so lange köcheln lassen, bis die gewünschte Konsistenz erreicht ist. Die Sauce abschmecken und bei Bedarf mit etwas Chili würzen.

Sauerkraut-Burger mit Rostbratwurst

Für ca. 2 Gläser (à 200 ml)

250 g Sauerkraut
1 Zwiebel
2 El Rapsöl
2 EL Gemüsebrühe
Kümmel aus der Mühle
Salz
4 Thüringer Rostbratwürste
4 Roggenbrötchen
4 TL Senf
Pfeffer aus der Mühle

Das Sauerkraut abspülen, abtropfen lassen und grob hacken. Zwiebel schälen und würfeln. Öl in einer Pfanne erhitzen und die Zwiebelwürfel darin anbraten. Das Kraut dazugeben, mit Kümmel würzen und unter Rühren 10 Minuten kräftig anbraten. Mit Gemüsebrühe ablöschen und das Kraut so lange köcheln, bis die Flüssigkeit verdampft ist. Das Sauerkraut mit Salz und Pfeffer abschmecken.

Die Würstchen auf dem heißen Holzkohlegrill ca. 8-10 Minuten grillen. Die Brötchen aufschneiden, beide Hälften kurz auf den Grill legen und anschließend mit Senf bestreichen. Zuerst das Würstchen auf die untere Hälfte legen, dann das Sauerkraut, Deckel drauf und fertig.

Stockbrot

Für 4 Brote

150 ml warmes Wasser
10 g frische Hefe
1 TL Salz
½ TL Zucker
250 g warmes Weizenmehl
½ TL Thymian
½ TL Majoran

Wasser in eine Rührschüssel geben, Hefe hineinbröseln, Salz, Zucker und Mehl dazugeben und mit dem Knethaken eines Handmixers zu einem glatten Teig verarbeiten. Die Kräuter untermengen und den Teig zugedeckt ca. 1 Stunde gehen lassen.

Arbeitsfläche mit etwas Mehl bestäuben, den Teig darauf geben und noch einmal durchkneten. Aus dem Teig vier Stränge (ca. 25–30 cm lang) formen. Je einen Strang spiralförmig um einen vorbereiteten Stock wickeln. Nun die Stockbrote ca. 10 Minuten über dem Feuer knusprig backen. Dabei den Stock mit dem Brotteig immer wieder drehen und so lange backen, bis der Teig hellbraun ist. Das Stockbrot leicht abkühlen lassen und direkt vom Stock essen.

Pulled Pork-Sandwich mit Krautsalat und BBQ-Sauce

Für 4 Portionen

Für das Pulled Pork
500 g Bio-Schweinenacken
1 Knoblauchzehe
1 EL Whiskey
Bio-Rauchsalz
1 EL Rohrzucker
Pfeffer aus der Mühle
Olivenöl zum Einreiben

Das Fleisch ca. 2 Stunden vor der Zubereitung aus dem Kühlschrank nehmen. Backofen auf 90 °C vorheizen. Das Fleisch waschen und trocken tupfen. Knoblauch schälen und pressen. Das Fleisch mit Olivenöl, Whiskey, Knoblauch, Rauchsalz, Rohrzucker und Pfeffer rundherum einreiben. Drei entsprechend große Lagen Alufolie auf die Arbeitsfläche legen und das gewürzte Fleisch mittig auf die Folie geben. Fest einwickeln und die Enden gut verschließen, sodass der Fleischsaft nicht entweichen kann. Das Päckchen mit der Naht nach oben auf ein Ofengitter legen und im vorgeheizten Backofen ca. 12 Stunden weich garen.
Zum Schluss wird das Fleisch auf einem Holzbrett mithilfe von zwei Gabeln auseinander gezupft.

Für die BBQ-Sauce
4 Schalotten
2 Knoblauchzehen
1 EL Rapsöl
400 g Tomaten, passiert
1 TL Rauchpaprika, scharf
½ TL Senfkörner
3 EL Rohrzucker
2–3 EL Aceto balsamico
Salz
Pfeffer aus der Mühle

Für die BBQ-Sauce Schalotten und Knoblauch schälen und fein würfeln. Öl in einem Topf erhitzen, Schalotten und Knoblauch dazugeben und anschwitzen. Passierte Tomaten, Senfkörner, Rohrzucker, Rauchpaprika und Aceto balsamico zufügen, aufkochen und bei milder Hitze 10 bis 15 Minuten sämig einkochen lassen. Mit Salz und Pfeffer abschmecken.

Für den Krautsalat
800 g Spitzkohl
2 Schalotten
Zucker
3 EL Rapsöl
3 EL Weißweinessig
1 TL Kümmel
Salz
Pfeffer aus der Mühle

Außerdem
4 Sandwich-Brötchen
Olivenöl zum Bestreichen

Den Spitzkohl putzen, vierteln, den Strunk entfernen und den Kohl in sehr feine Streifen schneiden. Anschließend in ein Sieb geben, unter fließend kaltem Wasser abspülen und gut abtropfen lassen. Den Kohl in eine Schüssel geben, mit Salz, etwas Zucker, Kümmel und Pfeffer würzen und kräftig durchkneten. Schalotten schälen und fein würfeln.
Aus Essig, Öl und Schalotten ein Dressing anrühren und mit Salz und Pfeffer würzen. Den Kohl mit dem Dressing mischen, 2-3 Stunden ziehen lassen und vor dem Servieren noch mal abschmecken.

Die Sandwich-Brötchen aufschneiden, beide Innenseiten mit etwas Olivenöl bestreichen und kurz unter dem Backofengrill toasten. Die unteren Hälften der Sandwich-Brötchen mit BBQ-Sauce bestreichen und heißem Pulled Pork belegen, Krautsalat darüber geben und die Sandwich-Oberseiten darauflegen.

Seelenwärmer – Punsch & Co.

Wenn das Thermometer die Frostgrenze erreicht, sorgen köstliche Heißgetränke in Variationen für wohlige Wärme von Innen. Wie wäre es zum Beispiel mit einem Granatapfel-Punsch, Tee-Punsch oder einer würzigen Feuerzangenbowle? Und damit sich auch die Kleinen aufwärmen können, gibt es eine heiße Schokolade.

Die Feuerzangenbowle - ursprünglich als „Krambamboli“ bekannt - ist ein gezuckerter mit Rum angereicherter Rotweinpunsch. Obwohl das Rezept schon sehr alt ist, wurde die Feuerzangenbowle erst im Jahre 1944 zum absoluten Kultgetränk - dank des gleichnamigen Films mit Heinz Rühmann.

Glögg

Für 4 Gläser

1 l Rotwein
80 ml Rum
100 g Rohrzucker
1 Zimtstange
20 g Ingwer
1 TL Kardamomkapseln, zerdrückt
4 Gewürznelken
100 g Rosinen

Ingwer schälen und in Scheiben schneiden. Rotwein, Rum, Zucker und die Zimtstangen in einen Topf geben und langsam erhitzen. Kardamom, Ingwer, Gewürznelken und Rosinen zufügen und weiter erhitzen, bis sich der Zucker aufgelöst hat, nicht kochen. Den Topf vom Herd nehmen, zudecken und den Glögg über Nacht ziehen lassen. Am nächsten Tag durch ein Sieb gießen.
Wer Rosinen mag, fängt sie auf. Den Punsch nochmals erhitzen, in Gläser verteilen und ganz nach Belieben mit oder ohne Rosinen servieren.

Eggnog

Für 4 Gläser

400 ml Milch
100 ml süße Sahne
200 ml Eierlikör
80 ml Rum
1 Spritzer Zitronensaft
Mark einer halben Vanille-schote
Zimt zum Bestreuen

Milch, Sahne, Vanillemark und etwas Zitronensaft in einem Topf erhitzen. Unter ständigem Rühren Eierlikör und Rum in die heiße Milchmischung geben. Den Topf vom Herd nehmen und den Weihnachtscocktail mit einem Mixstab aufschäumen. In Gläser füllen, mit Zimt bestreuen und fertig ist das winterliche Heißgetränk.

Holunderbeeren-Punsch

Für 4 Gläser

700 ml Holunderbeerensaft
500 ml Rotwein
2 Zimtstangen
2 Sternanis
3–4 Gewürznelken
2 Streifen Bio-Orangenschale
ca. 100 g Rohrzucker

Holunderbeerensaft, Rotwein, Gewürze und Orangenstreifen in einem Topf erhitzen, nicht kochen. Den Punsch nach Belieben mit Rohrzucker süßen und bei milder Hitze ca. 5 Minuten ziehen lassen. Gewürze und Orangenstreifen entfernen, Punsch in Gläser verteilen und heiß servieren.

Cranberry-Punsch

Für 4 Gläser

700 ml Cranberrysaft
400 ml Orangensaft, frisch gepresst
2 Zimtstangen
4 Gewürznelken
100 g Rohrzucker
100 ml Rum

Cranberrysaft, Orangensaft, Zimtstangen, Nelken und Zucker in einen Topf geben und aufkochen. Die Mischung vom Herd nehmen und das Ganze ziehen lassen. Dann die Gewürze entfernen und den Punsch nach Belieben mit Rum verfeinern, in Punsch- oder Teegläser verteilen und heiß genießen.

Granatapfel-Punsch

Für 4 Gläser

500 ml Bio-Granatapfelsaft
500 ml roter Bio-Traubensaft
1 Zimtstange
2 Sternanis
2 Gewürznelken
2 Karadamom, leicht zerdrückt
4 Bio-Orangenscheiben

Granatapfel- und Traubensaft in einen Topf füllen und aufkochen. Zimt, Sternanis, Kardamom und Gewürznelken dazugeben und den Punsch bei milder Hitze ca. 10 Minuten ziehen lassen.
Anschließend durch ein Sieb gießen, in Gläser verteilen und mit einer Orangenscheibe servieren.

Feuerzangenbowle

Für 8 Gläser

2 l Rotwein, trocken
250 ml Orangensaft, frisch gepresst
Saft 1 Zitrone
1 Bio-Zitrone
1 Bio-Orange
1 Zimtstange
2 Sternanis
3–4 Gewürznelken
1 Zuckerhut
400 ml Rum (54 %)

Außerdem
1 Feuerzange

Rotwein, Orangensaft, Zitronensaft und die Gewürze in einem Topf erwärmen. Orange und Zitrone mit heißem Wasser abbürsten, trocken reiben, in Scheiben schneiden und im Rotwein erhitzen. Den Topf zum Warmhalten auf ein Stövchen oder Rechaud stellen, den Zuckerhut auf die Feuerzange stellen, vorsichtig mit dem angewärmten Rum übergießen und anzünden. Mit einer Schöpfkelle Rum nachträufeln. Ist der Zuckerhut geschmolzen, kann die Feuerzangenbowle in Punsch- oder Teegläsern serviert werden.

Bei -5 °C im Freien schmeckt eine Feuerzangenbowle ganz besonders gut.

Orangen-Punsch mit Ingwer

Für ca. 6 Gläser

1 l schwarzer Tee
(z.B. Earl Grey)
½ l Orangensaft,
frisch gepresst
2 Bio-Orangen
1 Zimtstange
2 Gewürznelken
1 Stück Ingwer (ca. 10 g)
2–3 EL Rohrzucker
6 cl Orangenlikör

Ingwer schälen und in Scheiben schneiden. Von einer Orange die Schale abreiben. Anschließend Filets aus den Orangen schneiden. Tee aufkochen, Orangensaft, Orangenschale, Zimt, Gewürznelken und Ingwer zufügen und ca. 20 Minuten bei milder Hitze köcheln lassen. Dann die Teemischung durch ein Sieb gießen und mit Rohrzucker abschmecken.
Orangenfilets und Orangenlikör in Gläser verteilen und die Tee-Orangenmischung aufgießen.

Trinkschokolade mit würziger Note

Für 100 g Schokomischung

100 g Zartbitterschokolade
2 TL Kakao
2 EL Bio-Vanillezucker
1 TL Zimt
1 Msp. Gewürznelken, gemahlen
1 Msp. Kardamom, gemahlen
1 Msp. Muskatnuss, frisch gerieben

Schokolade fein raspeln, mit allen anderen Zutaten gründlich vermengen und in ein Schraubglas füllen.

Für 1 Glas heiße Schokolade

2–3 EL Schokomischung
¼ l heiße Milch
evtl. Sahne

Schokomischung in heiße Milch einrühren und ganz nach Belieben mit oder ohne Sahne genießen.

Wohlig wärmende Suppen

Suppen lassen sich schnell und mühelos zubereiten und ein herzhafter Eintopf wärmt Körper und Seele. Wenn man durchgefroren vom Spaziergang oder vom Rodeln nach Hause kommt, dann braucht man einfach etwas Kräftiges in der Suppenschüssel. Beispielsweise einen aromatischen Rosenkohleintopf, der uns im Winter sogar noch eine Extraportion Vitamine liefert. Auch Sauerkraut und wärmende Gewürze wie Chili eignen sich jetzt wunderbar für einen gesunden Wohlfühl-Eintopf. Neben Chorizo und Hackfleisch werden auch frische Kräuter zur Suppe serviert. Eintöpfe schmecken nicht nur köstlich. Sie machen uns an frostigen Tagen auch satt und glücklich!

Rosenkohleintopf mit Hackbällchen

Für 4 Portionen

500 g Rosenkohl
300 g Möhren
500 g Kartoffeln
2 Schalotten
1 EL Olivenöl
800 ml Hühnerbrühe
250 g Hackfleisch, gemischt
3 EL Semmelbrösel
1 kleines Ei
Salz
Pfeffer aus der Mühle
2 EL Petersilie, fein gehackt

Rosenkohl putzen, waschen und abtropfen lassen. Möhren schälen, waschen und in Scheiben schneiden. Kartoffeln schälen, waschen und in Würfel schneiden. Schalotten schälen und fein würfeln.

Öl in einem Topf erhitzen, Schalotten darin anschwitzen, Gemüse zufügen, mit Brühe ablöschen und ca. 15 Minuten garen. Hackfleisch, Semmelbrösel, Ei, Salz und Pfeffer vermengen und kleine Bällchen daraus formen, in den Eintopf geben und 10 Minuten darin ziehen lassen. Den Rosenkohleintopf abschmecken und mit Petersilie bestreut servieren.

Sauerkrauteintopf mit Chorizo

Für 4 Portionen

250 g Sauerkraut
400 g Kartoffeln
1 Zwiebel
1 Knoblauchzehe
2 EL Rapsöl
2 EL Tomatenmark
1 EL Paprika, edelsüß
600 ml Gemüsebrühe
½ TL Kümmel
1 Lorbeerblatt
5–6 Wacholderbeeren
½ TL Bio-Zitronenabrieb
200 g Chorizo
Salz
Pfeffer aus der Mühle
nach Belieben saure Sahne

Kartoffeln schälen, waschen und in Würfel schneiden. Sauerkraut abspülen, abtropfen lassen und grob hacken. Zwiebel und Knoblauch schälen und würfeln. Öl in einem Topf erhitzen, Zwiebel und Kartoffeln darin anbraten. Tomatenmark und Paprikapulver unterrühren, kurz anschwitzen und mit Gemüsebrühe ablöschen.

Mit Knoblauch, Kümmel, Lorbeerblatt, Wacholderbeeren, Zitronenabrieb, Salz und Pfeffer würzen und ca. 10 Minuten garen. Sauerkraut hinzufügen und das Ganze bei milder Hitze weitere 20 Minuten köcheln lassen. Chorizo häuten, in Scheiben schneiden, unter das Kraut mischen und erwärmen.

Den Eintopf abschmecken und anrichten. Nach Belieben kann man den Eintopf noch mit einem Klecks saurer Sahne verfeinern. Dazu schmeckt ein frisches Bauernbrot.

Rote-Linsen-Suppe

Für 4 Portionen

1 große Zwiebel
2 Knoblauchzehen
1 rote Chilischote
1 TL Kreuzkümmel
1 TL Koriander
½ TL Bockshornkleesamen
1 Möhre
2 EL Tomatenmark
250 g rote Linsen
2 EL Olivenöl
1700 ml Hühnerbrühe
Salz
Pfeffer aus der Mühle
Zitronensaft
1–2 EL Petersilie, fein gehackt

Zwiebel und Knoblauch schälen und würfeln. Die Möhre schälen, waschen und in Würfel schneiden. Koriander und Kreuzkümmel im Mörser zerstoßen. Chilischote halbieren, Kerne und Trennwände entfernen, unter fließendem Wasser gründlich abspülen und fein hacken.
Öl in einem Topf erhitzen. Zwiebel, Knoblauch, Chili, Kreuzkümmel und Koriander unter Rühren darin anschwitzen. Möhre dazugeben und weitere 1-2 Minuten anbraten. Tomatenmark, Bockshornkleesamen und Linsen unterrühren. Mit Brühe ablöschen, aufkochen und dann bei milder Hitze ca. 30-40 Minuten zugedeckt köcheln lassen. Die Suppe pürieren. Mit Salz und Pfeffer abschmecken. Die Linsensuppe anrichten, mit Petersilie bestreuen und mit Zitronensaft verfeinern. Dazu schmeckt ein Fladenbrot.

Wintereintopf Pichelsteiner Art

Für 4 Portionen

300 g Rindfleisch
300 g Schweinefleisch
500 g Kartoffeln
500 g Möhren
100 g Sellerie
400 g Wirsing
250 g Zwiebeln
2 Lorbeerblätter
3 El Rapsöl
1 l Gemüsebrühe
1 TL Kümmel, gemahlen
Salz
Pfeffer aus der Mühle
2 EL Petersilie, fein gehackt

Das Fleisch waschen, trocken tupfen und in ca. 2 cm große Würfel schneiden. Kartoffeln, Möhren und Sellerie waschen, schälen und Würfel schneiden. Wirsing putzen und den harten Strunk entfernen. Wirsingblätter in feine Streifen schneiden, unter fließend kaltem Wasser abspülen und gut abtropfen lassen. Zwiebeln schälen und würfeln.

Backofen auf 175 °C vorheizen. Öl in einem Topf erhitzen, Fleisch und Zwiebeln darin 4-5 Minuten scharf anbraten. Mit Salz und Pfeffer würzen. Die Hälfte der Fleischmischung herausnehmen. Das Gemüse und die übrige Fleischmischung lagenweise darüber schichten. Dabei jede Gemüseschicht mit Salz, Pfeffer und Kümmel würzen. Lorbeerblätter zufügen, mit Brühe auffüllen, so dass alles gut bedeckt ist. Anschließend den Eintopf zum Kochen bringen. Den Topf vom Herd nehmen und den Eintopf zugedeckt im Backofen ca. 1½ Stunde garen. Zum Schluss den Eintopf kräftig abschmecken, anrichten und mit Petersilie bestreuen.

Picknick im Schnee

Die Wintersonne und der knirschende Schnee locken uns heute einfach zum Draußensein. Grund genug, den Schlitten und einen Picknickkorb mit ein paar Leckerbissen zu packen, die zwischen den Schneeballschlachten für das leibliche Wohl sorgen.

Mein Motto für den heutigen Ausflug: Einfach, schnell gemacht und wenig Aufwand soll es sein. Als herzhaften Snack gibt es ein Käsesandwich mit Feigensenf. Zum Aufwärmen dürfen heiße Getränke wie z. B. Teepunsch, Kakao oder eine wärmende Suppe selbstverständlich nicht fehlen. In Thermoskannen gefüllt lassen sich die „Einheizer von innen“ gut transportieren. Und ein paar selbst gebackene Leckereien sollten natürlich auch nicht fehlen.

Apfel-Chai-Punsch

Für 4 Gläser

2 Beutel Chai-Tee
½ l Wasser
½ l Apfelsaft
2 Zimtstangen
4 Gewürznelken
Saft einer ½ Zitrone
1–2 EL Rohrzucker

Chai-Tee nach Packungsanleitung zubereiten. Apfelsaft in einem Topf erhitzen. Zimtstangen, Nelken, Zitronensaft, Zucker zufügen, ca. 10 Minuten bei milder Hitze ziehen lassen. Gewürze entfernen, Chai-Tee dazugeben. Heißen Punsch in Thermoskannen füllen und an der frischen Luft genießen.

Käsesandwich mit Feigensenf

Für 4 Portionen

8 Scheiben Vollkorntoast
Butter zum Bestreichen
2 Handvoll Salatblätter
8 Scheiben Bergkäse
Feigensenf zum Bestreichen
1 Apfel

Die Toastscheiben rösten, etwas abkühlen lassen und vier Scheiben mit Butter bestreichen. Den Salat putzen, waschen und trocken schleudern. Den Apfel waschen, entkernen und in feine Spalten schneiden. Salatblätter und je zwei Scheiben Bergkäse auf die vier mit Butter bestrichenen Toastscheiben legen, mit Feigensenf bestreichen und die Apfelspalten darauf verteilen. Die restlichen Toastscheiben leicht mit Feigensenf bestreichen, auf die belegten Toastscheiben legen, diagonal durchschneiden und verpacken.

Schwarzwurzel-Creme-Suppe

Für 4 Portionen

800 g Schwarzwurzeln
800 ml Gemüsebrühe
200 ml süße Sahne
2 EL kalte Butter
Salz
Muskat, frisch gerieben
1 Prise Chili
Essigwasser

Schwarzwurzeln gründlich waschen, schälen, in Scheiben schneiden und sofort in Essigwasser legen, damit sie sich nicht dunkel verfärben. Gemüsebrühe in einem Topf zum Kochen bringen. Die nochmals kurz abgespülten Wurzelscheiben in den Topf geben und ca. 20 Minuten gar kochen. Sahne zufügen, unterrühren und alles erhitzen. Anschließend Butter dazugeben und die Suppe mit dem Mixstab fein pürieren. Mit Salz, Chili und etwas Muskat abschmecken. Heiß in einen Thermosbehälter füllen. Als Beilage gibt es knusprige Körner- oder Roggenbrötchen.

STAUB
STAUB

Herzhaftes für frostige Tage

Besonders in der kalten Jahreszeit steigt wieder der Appetit auf herzhafte Gaumenfreuden. Gerade jetzt, wenn die Tage kürzer und kälter werden und wir uns nach Gemütlichkeit und Wärme sehnen, sorgen Gerichte wie Grünkohl mit Rauchmettenden oder Forellenfilets mit Rote Bete-Kartoffelstampf für ein wohliges Gefühl im Magen. Fruchtig wird es mit der Hähnchenpfanne. Hier liefern uns die Orangen und Granatapfelkerne ganz nebenbei eine Portion gesunder Vitamine und Mineralstoffe. Das sorgt für Abwechslung im Speiseplan und gute Laune.

Schweine-medaillons mit Zwiebel-Senf-Sauce

Für 4 Portionen

800 g Schweinefilet
400 g Zwiebeln
400 ml süße Sahne
100 ml Gemüsebrühe
2 TL Dijonsenf
1 Thymianzweig
2 El Olivenöl
Salz
Pfeffer aus der Mühle

Schweinefilet waschen, trocken tupfen, parieren und in ca. 2,5 cm dicke Scheiben schneiden. Zwiebeln schälen, halbieren oder vierteln und in Streifen schneiden. Thymian waschen, trocken schütteln, Blätter von den Stielen zupfen und fein hacken.
Backofen auf 200 °C vorheizen. Olivenöl in einer Pfanne erhitzen und die Medaillons von beiden Seiten scharf anbraten. Aus der Pfanne nehmen und nebeneinander in eine ofenfeste Form legen. Zwiebeln in die Pfanne geben und im Bratfett unter Wenden ca. 8 Minuten anbraten. Mit Gemüsebrühe ablöschen, Sahne unterrühren und bei milder Hitze weitere 3-4 Minuten köcheln lassen. Dann den Senf untermischen und mit Salz und Pfeffer würzen. Die Zwiebelmasse etwas abkühlen lassen. Thymian über die Medaillons streuen und die Zwiebel-Sahne-Mischung darüber verteilen. Ca. 40-45 Minuten backen. Die Medaillons mit der Zwiebel-Senf-Sauce anrichten und dazu Spätzle oder Baguette servieren.

Saiblingsfilets mit Rote Bete-Kartoffelstampf

Für 4 Portionen

4 Saiblingsfilets mit Haut (à ca. 150 g)
2–3 Knoblauchzehen
2 EL Olivenöl
2–3 EL Butter
1 Thymianzweig
1 Bio-Zitrone
Salz
Dill zum Garnieren

Rote Bete-Kartoffelstampf

500 g Rote Bete
500 g Kartoffeln
1 EL Butter
etwas warme Milch
Salz
Pfeffer aus der Mühle
Muskat, frisch gerieben

Die Fischfilets waschen, trocken tupfen, mit Salz und Pfeffer würzen, in Mehl wenden und überschüssiges Mehl abklopfen. Thymian waschen und trocken schütteln. Die Zitrone waschen, trocken reiben und in Scheiben schneiden. Den Knoblauch schälen und ebenfalls in Scheiben schneiden. Olivenöl in einer Pfanne erhitzen, die Filets auf der Hautseite ca. 5 Minuten darin braten. Filets wenden, Butter, Knoblauch und Thymian dazugeben und bei mittlerer Hitze etwa 2-3 Minuten braten. Auf Küchenpapier abtropfen lassen.

Kartoffeln und Rote Bete schälen, würfeln und zusammen in einem Topf mit Salzwasser ca. 20-25 Minuten weich kochen. Dann abgießen, ausdampfen lassen und mit einem Kartoffelstampfer zerdrücken. Milch und Butter unterrühren. Mit Salz, Pfeffer und Muskat abschmecken. Rote Bete-Kartoffelstampf und Fischfilets auf Tellern anrichten, mit Zitronenscheiben und Dill servieren.

Hähnchen-Pfanne mit Orangen

Für 4 Portionen

4 Hähnchenschenkel
8–10 Schalotten
4 Knoblauchzehen
Saft von 3 Orangen
1 EL Korianderkörner
Salz
Pfeffer aus der Mühle
1 EL Granatapfelkerne zum Garnieren

Die Hähnchenschenkel waschen und trocken tupfen. Schalotten schälen, im Ganzen lassen oder halbieren. Knoblauch schälen und in Scheiben schneiden. Hähnchenschenkel, Orangensaft, Schalotten und Knoblauch in ein Gefäß geben und für ca. 4 Stunden kühl stellen. Dabei gelegentlich wenden.

Backofen auf 180 °C vorheizen. Die Hähnchenschenkel aus der Marinade nehmen, trocken tupfen und kräftig mit Salz würzen. Korianderkörner im Mörser zerstoßen. Schalotten und Knoblauch in eine ofenfeste Form geben, die Hähnchenschenkel darauf legen, mit der Marinade übergießen und mit Koriander und grobem Pfeffer bestreuen. Ca. 60-70 Minuten garen. Ab und an mit der Marinade begießen. Mit Granatapfelkernen anrichten und servieren.

Dazu schmecken ein knuspriges Baguette und ein grüner Salat.

Grünkohl mit Rauchmettenden

Für 4 Portionen

1 kg Grünkohl
2 große Zwiebeln
200 g Räucherspeck
4 Rauchmettenden
2 EL Butterschmalz
ca. 500 ml Gemüsebrühe
1 EL Senf
Salz
Pfeffer aus der Mühle

Grünkohl putzen, gründlich waschen und die Blätter in kochendem Salzwasser 3-4 Minuten blanchieren. Anschließend in Eiswasser abschrecken, gut ausdrücken und grob hacken. Zwiebeln schälen und fein würfeln. Butterschmalz in einem großen Topf erhitzen und die Zwiebeln darin anschwitzen. Den Grünkohl in den Topf geben und mit der Zwiebelmasse vermengen. Nur so viel Brühe aufgießen, dass der Kohl zu einem Drittel in der Flüssigkeit steht. Leicht mit Salz und Pfeffer würzen. Räucherspeck und die Mettenden auf den Kohl legen. Zugedeckt bei milder Hitze ca. 1 ½ Stunden köcheln lassen. Rauchmettenden und Räucherspeck zwischendurch wenden und bei Bedarf etwas Brühe zugießen. Zum Schluss den Grünkohl mit Salz, Pfeffer und Senf abschmecken. Räucherspeck und Mettenden aus dem Topf nehmen. Das magere Räucherfleisch in Würfel schneiden, unter den Kohl mischen und die Rauchmettenden schräg in Scheiben schneiden. Den Grünkohl mit Wurstscheiben anrichten und dazu Salzkartoffeln oder knusprige Bratkartoffeln servieren.

Weihnachten drei mal anders ...

Die Festtage rücken immer näher und man möchte vielleicht mal etwas anderes ausprobieren, es muss ja nicht immer die traditionelle Weihnachtsgans sein. Wie wäre es zum Beispiel mit einem gefüllten Entenbrustfilet oder einem Fischgericht? Den Fisch kann man zum Beispiel nur kurz braten und anschließend im Ofen fertig backen. Und warum nicht auch mal ein vegetarisches Festessen?
Der Tisch ist festlich gedeckt und was gibt es Schöneres, als in geselliger Runde zusammen zu sitzen und die himmlischen Grüße aus der Weihnachtsküche zu genießen.
Spätestens jetzt ist auch vergessen, wie viel Mühe doch die Vorbereitung der Köstlichkeiten gemacht hat.

Menü 1

Gemischter Salat mit Avocado, Trauben und Mozzarella

Für 4 Portionen

200 g gemischter Blattsalat
200 g Weintrauben
2 kleine Avocados
125 g Büffelmozzarella Bällchen
2 EL Zitronensaft
8 EL Traubenkernöl
4 EL Aceto Balsamico Bianco
1 TL Akazienhonig
Salz
Pfeffer aus der Mühle

Den Salat putzen, waschen und trocken schleudern. Trauben waschen, halbieren und gegebenenfalls entkernen. Avocados halbieren, Kerne entfernen, schälen und in Spalten schneiden. Die Avocadospalten mit Zitronensaft beträufeln. Aus Traubenkernöl, Honig, Salz, Pfeffer und Balsamico ein Dressing anrühren.
Salat, Avocado, Trauben und Mozzarella auf einer Servierplatte verteilen und mit dem Dressing beträufeln.

Gebratene Entenbrustfilets mit Granatapfelsauce

Für 4 Portionen

2 Entenbrustfilets (à 370 g)
8 Schalotten
2 Knoblauchzehen
4 Salbeiblättchen
3 kleine Thymianzweige
100 g Walnusskerne
150 ml Hühnerbrühe
1 Granatapfel
2 EL Grenadine (Granatapfelsirup)
Saft einer Orange
Salz
Pfeffer aus der Mühle
1 EL kalte Butter

Schalotten schälen und würfeln. Den Knoblauch schälen und in dünne Scheiben schneiden. Salbeiblätter waschen, trocken schütteln und klein schneiden. Die Walnusskerne im Mörser zerstoßen. Alles gut vermischen.
Backofen auf 160 °C vorheizen. Die Entenbrustfilets waschen, trocken tupfen und die Haut mit einem scharfen Messer rautenförmig einschneiden. Thymian waschen und trocken schütteln. Die Entenbrustfilets leicht mit Salz würzen und mit der Hautseite nach unten in eine kalte, leicht gefettete Pfanne legen. Thymian zugeben und die Filets ca. 5-7 Minuten goldgelb braten, wenden und weitere 3-4 Minuten braten. Ein Backblech in die untere Einschubleiste des Backofens schieben. Die Entenbrustfilets mit der Hautseite nach oben auf ein Ofengitter legen und auf der mittleren Schiene ca. 15 Minuten fertig garen.

Das Fett aus der Pfanne abgießen, Schalotten, Knoblauch, Salbei und Walnüsse zum Bratenansatz geben, kurz anbraten und mit Hühnerbrühe ablöschen. Den Granatapfel halbieren, eine Hälfte auspressen, die andere Hälfte in Stücke brechen und die Kerne herauslösen. Granatapfelsaft, Sirup, Orangensaft in die Pfanne geben, mit Salz und Pfeffer würzen und etwa 20 Minuten köcheln lassen.

Inzwischen die Entenbrustfilets aus dem Backofen nehmen, mit Salz und Pfeffer würzen und 10 Minuten ruhen lassen. Kalte Butter in die Fruchtsauce einrühren und abschmecken. Die Entenbrustfilets in Scheiben schneiden, mit der Sauce anrichten und mit Granatapfelkernen bestreuen. Dazu schmeckt eine cremige Polenta und knackiges Pfannengemüse.

Orangen-Trifle

Für 4 Portionen

4 Orangen
½ TL Abrieb einer Bio-Orange
250 g Mascarpone
200 ml süße Sahne
200 g Naturjoghurt
2 EL Bio-Vanillezucker
4 EL Orangenlikör
8 Cantuccini
20 g Zartbitterschokolade, geraspelt

Die Orangen schälen, das Fruchtfleisch filetieren und den Saft auffangen. Mascarpone, Joghurt, Vanillezucker, Orangenabrieb und den aufgefangenen Saft mit dem Handmixer zu einer glatten Creme verrühren. Dann die Sahne in einem Rührbecher steif schlagen und unter die Creme heben. Cantuccini zerbröseln, den Boden der Gläser gleichmäßig mit den Keksbröseln bedecken und diese mit Orangenlikör beträufeln. Darauf zwei Drittel der Creme verteilen, mit Orangenfilets bedecken und darauf die restliche Creme schichten. Desserts mit Schokoraspeln garniert servieren.

Menü 2

Rote-Bete-Carpaccio

Für 4 Portionen

400 g Rote Bete, vorgegart
4 kleine rote Zwiebeln
250 g Büffelmozzarella
3 EL Traubenkernöl
2 EL Aceto Balsamico
1 TL Honig
Salz
Pfeffer aus der Mühle
1 Handvoll Weintrauben
1 EL Petersilie, fein gehackt

Rote Bete in dünne Scheiben hobeln. Zwiebeln schälen und in feine Ringe schneiden. Mozzarella gut abtropfen lassen und in Scheiben schneiden. Trauben waschen, halbieren ggf. entkernen.
Für das Dressing Balsamico, Honig, Salz, Pfeffer und Petersilie verrühren und das Öl darunter schlagen.
Rote Bete, Mozzarella und Schalotten dachziegelartig auf einem Teller oder einer Servierplatte anrichten und die Trauben darauf verteilen.
Dressing darüber träufeln und kurz durchziehen lassen.
Dazu schmeckt ein knuspriges Baguette.

Lachsforelle mit Kräuterkruste und Wirsing

Für 4 Portionen

4 Lachsforellenfilets (à ca. 150 g)
Abrieb einer Bio-Zitrone
1 Knoblauchzehe
1 Bund glatte Petersilie
1 Estragonstiel
50 g Walnusskerne, gehackt
30 g Parmesan, frisch gerieben
2 EL weiche Butter
grobes Meersalz
Pfeffer aus der Mühle

½ Wirsingkohl
2 Schalotten
2 EL Butter
200 ml süße Sahne
1 EL Sahnemeerrettich
Salz
Pfeffer aus der Mühle
Muskat, frisch gerieben

Backofen auf 200 °C vorheizen. Fischfilets waschen, trocken tupfen und mit Salz und Pfeffer würzen. Knoblauch schälen und fein würfeln. Kräuter waschen, trocken schütteln, Blätter von den Stielen zupfen und fein hacken. Zitronenabrieb, Knoblauch, Kräuter, Walnusskerne, Parmesan, Salz, Pfeffer und 1 EL Butter vermischen. Eine ofenfeste Form mit der restlichen Butter einfetten und die Fischfilets darauf setzen. Die Kräuter-Nuss-Mischung gleichmäßig auf dem Fisch verteilen und leicht andrücken. Den Fisch ca. 15-20 Minuten backen.

Den Wirsing putzen, Strunk entfernen und die Blätter in kochendem Salzwasser blanchieren. In Eiswasser abschrecken, gut abtropfen lassen und die Wirsingblätter in mundgerechte Stücke schneiden. Schalotten schälen und würfeln. Butter in einer Pfanne erhitzen, Schalotten darin glasig anschwitzen, den Kohl zufügen und ca. 8 Minuten garen. Sahne dazugeben und den Wirsing mit Meerrettich, Salz, Pfeffer und Muskat abschmecken.

Lachsforellen und Wirsing auf Tellern anrichten und dazu in Butterschmalz gebratene Kartoffeln reichen.

Fruchtige Pavlova

Für 6 Portionen

3 Eiweiß
250 g Zucker
1 Prise Salz
2 Pck. Bio-Vanillezucker
200 ml süße Sahne
1 Pck. Sahnesteif

Außerdem
1 Mango
6 EL Granatapfelsirup
6 EL Granatapfelkerne
4 Feigen zum Garnieren

Backofen auf 130 °C vorheizen. Ein Backblech mit Backpapier auslegen. Eiweiß mit Zucker, einer Prise Salz und ein Päckchen Vanillezucker ca. 6 Minuten im heißen Wasserbad mit dem Handmixer fest und glänzend schlagen. 6 Baiserhäufchen auf das Backpapier setzen und ca. 50 Minuten auf mittlerer Schiene trocknen. Den Backofen ausschalten und die Baisers bei geöffneter Tür abkühlen lassen.
Sahne, Sahnesteif und ein PäckchenVanillezucker in einem Rührbecher steif schlagen und kühl stellen.
Die Mango schälen und das Fruchtfleisch in Würfel schneiden. Die Feigen waschen, trocken tupfen und vierteln. Pavlova mit Sahne, Mango, Sirup, Granatapfelkernen anrichten und mit Feigenvierteln garnieren.

oder:

Kokos-Cranberry-Parfait

Für 6 Portionen

4 Eigelb
90 g Zucker
200 ml süße Sahne
200 ml Kokosmilch
1 TL Limettenabrieb
80 g getrochnete Cranberrys, gehackt

Schokoladensauce

100 g Zartbitterschokolade
Mark einer halben Vanilleschote
2 EL Zucker
150 ml süße Sahne
1 EL Butter

Eigelb und Zucker im heißen Wasserbad cremig aufschlagen. Limettenabrieb und Kokosmilch nach und nach unterschlagen. Schüssel mit der Kokosmilch-Masse in ein Gefäß mit Eiswasser stellen und kalt rühren.
Sahne in einem Rührschüssel steif schlagen und unter die Kokosmilch-Masse heben. Eine Form mit Klarsichtfolie auslegen und die Parfaitmasse einfüllen. Mit Cranberrys bestreuen und mit der überstehenden Klarsichtfolie abdecken und für mindestens 8 Stunden in den Gefrierschrank stellen.
Die Schokolade grob hacken. Vanillemark und Zucker in der Sahne aufkochen. Schokolade und Butter zufügen und in der heißen Sahne unter Rühren cremig schmelzen lassen.
Parfait aus dem Gefrierschrank nehmen und stürzen. Klarsichtfolie entfernen und das Parfait in Scheiben schneiden und mit der Schokoladensauce anrichten.

Menü 3

Die vegetarische Variante!

Rote Bete-Orangen-Suppe

Für 4 Portionen

500 g Rote Bete
2 Schalotten
40 g Butter
300 ml Orangensaft, frisch gepresst
200 ml Gemüsebrühe
150 g saure Sahne
1 Spritzer Zitronensaft
Salz
Pfeffer aus der Mühle
1 Orange

Die Rote Bete waschen, schälen, in einen Topf geben, mit Wasser bedecken, aufkochen und bei mittlerer Hitze 40-50 Minuten gar kochen. Abgießen, ausdampfen lassen und in Würfel schneiden.
Schalotten schälen und fein würfeln. Butter in einem Topf erhitzen und die Schalottenwürfel darin anschwitzen. Rote Bete zugeben und unterrühren. Gemüsebrühe, Orangensaft und saure Sahne zufügen und bei milder Hitze ca. 10-12 Minuten köcheln lassen.
Die Suppe mit dem Mixstab pürieren, durch ein Sieb streichen und mit Salz, Pfeffer und einem Spritzer Zitronensaft abschmecken. Zum Schluss die Orange schälen, das Fruchtfleisch filetieren und die Filets in einem Sieb gut abtropfen lassen.
Die Suppe anrichten und mit Orangenfilets servieren.

Gebackener Chicoree mit Süßkartoffelstampf

Für 4 Portionen

4 Chicoree (à 150 g)
4 EL Mehl
2 Eier
130 g Semmelbrösel
1 EL Parmesan, frisch gerieben
Olivenöl zum Braten
1 Bio-Zitrone

Süßkartoffelstampf

1 kg Süßkartoffeln
2 EL Butter
1 Msp. Zimt
1 Spritzer Zitronensaft
1 Bio-Zitrone
1 TL Abrieb einer Bio-Orange
Salz
Pfeffer aus der Mühle
Muskat, frisch gerieben

Süßkartoffeln schälen, waschen, in grobe Stücke schneiden und in einem Topf mit leicht gesalzenem Wasser ca. 10-15 Minuten garen. Das Kochwasser abgießen und ausdampfen lassen. Butter zufügen und mit dem Kartoffelstampfer zu einem groben Stampf verarbeiten. Mit Zimt, einem Spritzer Zitronensaft, Orangenabrieb, Salz, Pfeffer und Muskat abschmecken.

Den Chicoree putzen, waschen, längs halbieren oder vierteln, den Strunk herausschneiden. Chicoree in Mehl wenden, durch verschlagenes, mit Salz und Pfeffer gewürztes Ei ziehen und dann in der Semmelbrösel-Parmesan-Mischung wenden. Öl in einer Pfanne erhitzen und panierten Chicoree darin rundherum goldbraun ausbacken. Chicoree auf ein Küchenpapier legen und das Fett abtropfen lassen. Zitrone in Spalten schneiden. Chicoree portionsweise auf Teller verteilen, mit Zitronenspalten anrichten und Süßkartoffelstampf dazu reichen.

Als Beilage schmeckt ein grüner Salat oder Mischpilze in einer Rahmsauce.

Ananas-Kokos-Dessert

Für 4 Portionen

1 Ananas (ca. 800 g)
100 ml Mascarpone
200 ml Naturjoghurt
2–3 EL Puderzucker
½ TL Abrieb einer Bio-Limette
5–6 EL Kokosmilch
4 EL Kokosraspel, geröstet
200 ml süße Sahne
1 Pck. Sahnesteif

Ananas zum Garnieren

Mascarpone und Joghurt in eine Schüssel geben. Puderzucker, Limettenabrieb und Kokosmilch hinzufügen und alles mit dem Handmixer zu einer glatten Creme verrühren. Dann die Kokosraspel unterrühren. Sahne zusammen mit dem Sahnesteif in einem Rührbecher steif schlagen und behutsam unter die Kokosmasse heben.
Kokoscreme auf vier Gläser verteilen und für ca. 60 Minuten in den Kühlschrank stellen.
Zunächst das obere und untere Ende der Ananas abschneiden und die Schale entfernen. Den Strunk herausschneiden und das Fruchtfleisch in Würfel und zum Garnieren in Spalten schneiden. Ein Drittel der Ananaswürfel zurückbehalten und den Rest im Mixer pürieren. Die zurückbehaltenen Würfel zur pürierten Ananas geben und unterheben. Ananaspüree abschmecken und bei Bedarf mit etwas Honig nachsüßen.
Die Gläser aus dem Kühlschrank nehmen, Ananaspüree auf die Kokoscreme geben und mit Ananasspalten garnieren.

Geschenke zum Vernaschen

Selbstgemachte Geschenke, mit Liebe gezaubert, sind persönlich und kommen von Herzen. Ob süße Marzipankartoffeln, Schneeballkugeln oder Trüffel, außen eine knackige Schicht aus Zartbitter-, Vollmilch- oder Weißer Schokolade und innen eine leckere Füllung. Hübsch verpackt in Schachteln oder Tütchen und einem lieben Gruß machen die süßen Leckereien besonders viel her. Sowohl als Mitbringsel zum nächsten Adventskaffee oder als Geschenk unter dem Weihnachtsbaum. Da ist sicher für jede Naschkatze etwas dabei und Schokolade macht glücklich!

Bratapfel-Marmelade

Für ca. 2 Gläser (à 350 ml)

500 g Äpfel
Saft einer halben Zitrone
50 g Mandeln, gehackt
50 g getrocknete Cranberrys
1 TL Zimt
1 EL Bio-Vanillezucker
1 EL Butter
2 EL Zucker
250 g Gelierzucker 2:1
(Packungsanweisung beachten)
1–2 EL Rum

Cranberrys über Nacht in Rum einweichen. Äpfel schälen, entkernen und in Würfel schneiden. Die Apfelwürfel in eine Schüssel geben und mit Zitronensaft beträufeln. Butter und Zucker in einen Topf geben, schmelzen lassen, Apfelwürfel unterrühren und karamellisieren. Die Mandeln in einer Pfanne ohne Fett rösten. Alle Zutaten, bis auf den Gelierzucker in den Topf geben und ca. 4-5 Minuten köcheln lassen. Gelierzucker hinzugeben, unterrühren und nochmals 4 Minuten sprudelnd kochen.
Die Marmelade in vorbereitete Gläser füllen, fest verschließen und ca. 5 Minuten auf den Deckeln stehen lassen.

Mit Liebe gemacht
Frohe Weihnachten

Marzipan-kartoffeln

Für ca. 30 Stück

200 g Marzipanrohmasse
75 g Puderzucker
1 ½ EL Kakao
1 TL Zimt

Puderzucker in eine Schüssel sieben und mit der Marzipanrohmasse solange verkneten, bis eine einheitliche Masse entstanden ist. Kakao und Zimt mischen und in eine Schale sieben.
Aus der Marzipanmasse gleich große Kugeln formen und im Kakao-Zimt-Gemisch wälzen.

Schneeball-Pralinen

Für ca. 40 Stück

200 g weiße Schokolade
60 g weiche Butter
75 ml Eierlikör
120 g Kokosraspeln
2 Pck. Bio-Vanillezucker

Schokolade zerkleinern und im Wasserbad schmelzen. Butter in eine Rührschüssel geben, mit dem Handmixer schaumig schlagen. Schokolade, Eierlikör und Vanillezucker dazugeben und vorsichtig unterrühren. Danach 50 g Kokosraspeln untermengen. Die Masse ca. 30 Minuten kühl stellen. Die restlichen Kokosflocken in eine Schale geben. Aus der Eierlikör-Kokos-Masse kleine Portionen abstechen, daraus Kugeln formen und diese in den Kokosraspeln wälzen. Die Schneeball-Pralinen anschließend kühl aufbewahren.

Weißer Nougat

Für 1 Stück

100 g getrocknete Cranberrys
75 g ganze Mandeln, geschält
75 g ganze Haselnüsse
120 g ganze Pistazien
175 g Honig
200 g Zucker
2 EL Wasser
1 Eiweiß
1 Prise Salz
2 Backoblaten (12 x 20 cm)

Außerdem
1 geeignete Form für 12 x 20 cm

Die Cranberrys grob hacken. Mandeln und Haselnüsse in einer Pfanne ohne Fett anrösten, Pistazien hinzufügen, kurz mitrösten, auf einen Teller geben und abkühlen lassen. Die Form dünn mit Wasser ausstreichen und mit einem großen Stück Klarsichtfolie auslegen. Eine der beiden Oblaten in die Form legen. Die Hälfte des Zuckers, Honig und Wasser in einen Topf geben und unter Rühren 5 Minuten köcheln lassen. In der Zwischenzeit das Eiweiß mit einer Prise Salz steif schlagen. Den restlichen Zucker hinzugeben und die Masse mit dem Mixer glänzend und sehr fest rühren. Nun den heißen Sirup langsam in den Eischnee einrühren und weitere 5 Minuten gut durchschlagen. Anschließend die Cranberrys, Mandeln, Haselnüssen und Pistazien behutsam unterheben. Die Nougat-Mischung in die Form füllen und die Oberfläche glätten. Zum Schluss die zweite Oblate darauflegen und leicht andrücken. Damit die Masse nicht auslaufen kann, die Klarsichtfolie stramm über die Oblatenkanten ziehen. Die Form über Nacht kühl stellen. Die Masse herauslösen und in Stücke schneiden.

AUS EIGENER

Orangenlikör

4 Bio-Orangen
700 ml Wodka
2 Streifen Bio-Zitronenschale
250 g Kandiszucker

Die Orangen mit heißem Wasser abbürsten, trocken reiben, in ca. 2-3 cm große Stücke schneiden. Orangen in ein weithalsiges Gefäß füllen. Zitronenstreifen und den Kandis dazugeben, dann den Wodka aufgießen. Das Gefäß gut verschließen, 4 Wochen ziehen lassen, ab und zu schütteln. Dann die Orangen gut auspressen, durch ein Mulltuch abseihen und in vorbereitete, saubere Flaschen füllen.

Mandel-Mix-Schokolade

Für eine große Tafel

100 g Mandeln
70 g Zucker
1 TL Butter
250 g Vollmilchkuvertüre
250 g Zartbitterkuvertüre
30 g getrocknete Cranberrys
10 g Pistazien, gehackt

Außerdem
1 geeignete Kastenform
(ca. 18 x 28 cm)

Mandeln in einer Pfanne ohne Fett rösten und zur Seite stellen. Zucker in die Pfanne geben und karamellisieren lassen.
Die Mandeln unterschwenken, dann die Butter unterrühren.
Die Mandel-Masse auf ein Backpapier geben, mithilfe von Gabeln auseinanderziehen und danach vollständig abkühlen lassen.
Den Boden einer Kastenform mit Backpapier auslegen. Cranberrys sowie beide Kuvertüren fein hacken. Die Kuvertüre im Wasserbad schmelzen. Die flüssige Kuvertüre gleichmäßig in die Form füllen. Karamellisierte Mandeln auseinanderbrechen, mit den Cranberrys und Pistazien möglichst gleichmäßig auf der noch flüssigen Schokolade verteilen.
Die Schokolade nun für ca. 6-8 Stunden kühl stellen. Ist die Tafel komplett ausgekühlt, kann sie in beliebig große Stücke geschnitten werden.

Rezeptverzeichnis

Impressum

Fotos und Styling: Barbara Baumann
Druck und Herstellung:
DZS Grafik d.o.o., Ljubljana, Slowenien
ISBN 978-3-512-04089-4

www. bussecollection.de

Dankeschön

Von Herzen danke ich meinem lieben Mann Jürgen, der mir wieder einmal mit Rat und Tat zur Seite stand, mich nicht nur beim Einkauf sondern auch bei der Koordination meiner Fotoshootings großartig unterstützt hat. Selbst wenn er mal wieder auf sein Essen warten musste, ist er bei all dem gelassen geblieben. Die Rolle als „Testesser" hat er wieder gern übernommen und die Kreationen aus der Küche, die vor ihm auf dem Teller lagen, verkostet und mit großer Freude verspeist.
Ich danke meiner Familie, Freunden und Nachbarn, schön, dass ich Euch wieder einmal für meine neue Idee begeistern konnte. Mein ganz besonderer Dank gilt meiner lieben Mutti, die mir die Freude und Leidenschaft zum Kochen schon mit in die Wiege gelegt hat.
Ich bedanke mich bei Frau Förster, Frau Herbst und Frau Rikus vom Busse Verlag für das Vertrauen und die Möglichkeit, meinen Traum von einem Weihnachtskochbuch realisieren zu dürfen. Mein besonderer Dank gilt Ihnen für Ihre tatkräftige Unterstützung, wertvollen Tipps und herzlichen Zusammenarbeit. Es hat mir viel Freude gemacht, an diesem Buchprojekt zu arbeiten und ohne die gute Betreuung wäre dieses Buch nicht möglich gewesen.
Last but not least danke ich Frau Büscher für die wunderbare Zusammenarbeit und tolle Gestaltung des Buches.

Von Barbara Baumann
sind im Busse Verlag bereits erschienen:

Barbara und Jürgen Baumann

Kaffeekult und Tortenglück

160 Seiten, durchgehend farbig
Format 22 x 26 cm
Hardcover mit Schutzumschlag
€ 24,95 (D) € 25,70 (A) CHF 35,50
ISBN 978-3-512-04040-5

Eine „Café-Reise" zu den 55 bezauberndsten Orten der Verführung zu Kaffeekult & Tortenglück.
Alle sind sie eine Reise wert.

Barbara Baumann

Köstliche Herbst- und Winterküche

144 Seiten, durchgehend farbig
Format 20,5 x 25,5 cm
Hardcover
€ 19,95 (D) € 20,60 (A) CHF 28,50
ISBN 978-3-512-04060-3

Die Tage werden kürzer, die Temperaturen sinken und die Lust auf herzhafte Genüsse kommt wieder. Es ist die Zeit der köstlichen Herbst- und WInterküche.

Barbara Baumann

Frühlingsleichte Sommerküche

176 Seiten, durchgehend farbig
Format 20,5 x 25,5 cm
Hardcover
€ 19,95 (D) € 20,60 (A) CHF 28,50
ISBN 978-3-512-04078-8

Mit dem ersten frischen Grün – in der Natur und auf den Wochenmärkten – stellt sich wieder die Lust auf frühlingsfrische Sommerküche ein.

BUSSECOLLECTION